16	3	2	13
5	10	11	8
9	6	7	12
4	15	14	1

coleção TRANS

Éric Alliez

DELEUZE FILOSOFIA VIRTUAL

Tradução
Heloisa B.S. Rocha

editora 34

EDITORA 34

Distribuição pela Códice Comércio Distribuição e Casa Editorial Ltda.
R. Simões Pinto, 120 Tel. (011) 240-8033 São Paulo - SP 04356-100

Agradecimentos: Claire Parnet

Título original:
Deleuze philosophie virtuelle

Capa, projeto gráfico e editoração eletrônica:
Bracher & Malta Produção Gráfica

Revisão técnica:
Luiz Orlandi

1ª Edição - 1996

34 Literatura S/C Ltda.
R. Hungria, 592 Jd. Europa CEP 01455-000
São Paulo - SP Tel./Fax (011) 816-6777

Dados Internacionais de Catalogação na Publicação (CIP)
(Câmara Brasileira do Livro, SP, Brasil)

Alliez, Éric
Deleuze filosofia virtual / Éric Alliez ; tradução de Heloisa B.S. Rocha — São Paulo : Ed. 34, 1996
80 p. (Coleção TRANS)

Tradução de : Deleuze philosophie virtuelle

ISBN 85-7326-029-7

1. Filosofia. I. Deleuze, Gilles. II. Título. III. Série.

96-0138 CDD - 1(44)

DELEUZE
FILOSOFIA
VIRTUAL

Éric Alliez

DELEUZE FILOSOFIA VIRTUAL

*In memoriam**

* Versão modificada da palestra que encerrou a homenagem organizada pelo *Colégio Internacional de Estudos Filosóficos Transdisciplinares* em 5 de dezembro de 1995, no Rio de Janeiro (Centro Cultural Banco do Brasil): "Gilles Deleuze: uma vida filosófica".

Não se perguntará o que os princípios são, mas o que eles fazem.

Gilles DELEUZE

O que pretendo aqui fazer, sumariamente, é montar e desmontar um paradoxo com o qual de um modo ou de outro se haverá defrontado todo leitor, amador ou experimentado, de Gilles Deleuze. Pois se é incontestável que os estudos monográficos sobre Hume, Bergson, Nietzsche, Kant ou Espinosa propõem uma verdadeira gênese do pensamento deleuziano, não é menos verdade que a relação de *duplicação* que Deleuze haverá mantido com a história da filosofia — ver o Prólogo sempre citado de *Différence et répétition*: "Seria preciso que a resenha em história da filosofia atuasse como um verdadeiro duplo, e que comportasse a modificação máxima própria do duplo" — acaba por semear confusão, não sobre a identidade filosófica de seu pensamento (uma "filosofia da diferença", segundo a definição mais genérica; ou, mais rigorosamente, uma "filosofia do acontecimento"), *mas quanto à prática e à realidade dessa filosofia que não tem de resto outra questão que não a do pensamento e das imagens do pensamento que a animam.*

É com base nesse paradoxo e nessa dificuldade que entendo a conclusão de Roberto Machado no livro que consagra a *Deleuze e a filosofia:* "Mais do que anunciar um novo pensamento, ela é uma suma de pensamentos que relaciona por expressarem, em maior ou menor grau, a diferença"[1]. Vocês já podem imaginar, por transparência e diferença, qual será a questão que eu gostaria ao menos de levantar esta noite: sob que condições é possível afirmar que o *discurso indireto livre* a que recorre Deleuze para constituir o espaço diferencial de sua obra — "como um muro de pedras livres, não cimentadas, onde cada elemento vale por si mesmo, e todavia em relação aos outros" ou "um *patchwork* de continuação infinita, de ligação múltipla" ("Bartleby ou la formule") — é criador de um pensamento novo e de uma nova imagem do pensamento: *o deleuzismo*?

Duas opções são a meu ver possíveis.

A primeira, teórica, consiste em instalar-se num plano definido em extensão por *Mille plateaux* e em intensão por *Qu'est-ce que la philosophie?*, e em situar-se em posição de sobrancear as monografias. Mas, no fundo, por que se esmerar em reconstituir a equação em todos os seus supostos termos se o resultado mostra com clareza que se está lidando com uma multiplicidade qualitativa e contínua — e não com uma soma de pensamentos cuja medida seria fornecida pelo número de elementos que contém? Situação "bergsoniana" que experimentei em *La signature du monde, ou qu'est-ce que la philosophie de Deleuze et Guattari?*

A segunda, prática ou empírica, consiste em apreender nas monografias filosóficas aquilo que Deleuze não faz voltar nem seleciona *como puros estados intensivos da força anônima do pensamento* senão para afirmar *a transmutação da filosofia enquanto tal*. Quando em nome da an-árquica diferença a filosofia empreende a exclusão de todos os princípios transcendentes que pode haver encontrado em sua história para se adaptar às Formas de Deus, do Mundo e do *Eu* [*Moi*][a] (centro, esfera e círculo: "tríplice condição para não se poder pensar o acontecimento"[2]); quando a filosofia afirma a imanência como a única condição que lhe permite re-criar seus conceitos como "as próprias coisas, mas as coisas em estado livre e selvagem, para além dos 'predicados antropológicos'".

Já nesse nível, o que haveria de "novo" em Deleuze seria que a radicalidade especulativa de sua ontologia determina nessa linha sem contorno (ou *linha de fuga*) a possibilidade de um materialismo filosófico *enfim* revolucionário. Um Ideal-materialismo do acontecimento puro, indefinidamente múltiplo e singularmente universal, nas palavras de Foucault que se aplicam perfeitamente a essas filosofias postas-em-devir por Deleuze? Pensamento-Acontecimento ou, através de Nietzsche e Bergson enfim reunidos, "criação" de pensamento que procede por *virtualização*. E tudo indica que se poderia qualificar desta maneira o movimento de "dessubstanciação" e de "problematização" da história da filosofia operado por Deleuze sob o nome de *desterri-*

torialização, se virtualizar, como o indica Pierre Lévy, consiste antes de tudo em transformar "a atualidade inicial em caso particular de uma problemática mais geral, sobre a qual é doravante colocado o acento ontológico. Isso fazendo, a virtualização fluidifica as distinções instituídas, aumenta os graus de liberdade, cava um vazio motor...". Tudo se passando como se a desterritorialização deleuziana elevasse os "autores" à potência de *flutuantes nós de acontecimentos em interface recíproca e reciprocamente envolvidos* num único e mesmo plano de imanência[3]. Tantos autores, tantos agenciamentos suscetíveis de se atualizarem nas figuras e nas questões as mais diversas: da filosofia como arte dos agenciamentos de que dependem os "princípios" (e não o inverso...), criação problematizante que coincide com a emergência do *novo*, que não tem por sujeito senão o virtual, cujo ato não é senão um complemento ou um produto.

(Essa iluminação da questão do novo pela noção de virtual é autorizada por um texto póstumo intitulado "L'Actuel et le virtuel", publicado em anexo à presente edição.)

A optar por este segundo método, em que se trata menos de potencializar as filosofias (formalizando-as) do que de virtualizá-las (e atualizá-las), consoante uma "troca perpétua entre o virtual e o atual" *que define o plano de imanência enquanto tal*, dever-se-á necessariamente partir, por razões que não são apenas de cronologia, do encontro de Deleuze com o empirismo.

Afinal, como o faria um autor de *science-fiction*, o empirista não trata precisamente o conceito "como objeto de um encontro, como um aqui-e-agora, ou antes como um *Erewhon* de onde saem, inesgotáveis, os 'aqui' e os 'agora' sempre novos, diversamente distribuídos" — conforme escreve Deleuze no mesmo Prólogo? O Empirista, ou o grande Experimentador.

* * *

Ora, *Empirisme et subjectivité. Essai sur la nature humaine selon Hume*, publicado em 1953 (o "agenciamento-Hume", breve se lerá) dá efetivamente início à pesquisa por aquilo que Deleuze descobre no empirismo: uma *filosofia da experiência* que valha imediatamente, e no mesmo movimento, pelo ponto de vista imanente que põe em jogo (o do associacionismo), como *crítica das metafísicas da consciência e das filosofias do objeto* (fenomenologia e formalismo lógico, inclusive) *enquanto crítica da representação.* Pois "as representações *não podem* apresentar as relações" através das quais o sujeito se constitui num dado que não é outro senão o fluxo do sensível como conjunto das percepções irredutível a um estado de coisas e conjunção das relações exteriores a seus termos. Assim, "se chamamos experiência à reunião das percepções distintas, devemos reconhecer que as relações não derivam da experiência; elas são o efeito dos princípios de associação (...) que, na experiência, constituem um sujeito capaz de ultrapassar a experiência". É portanto num mundo de exterioridade — "mundo onde o próprio pensamento tem uma relação fundamental com o Fora", destacará Deleuze em seu artigo "Hume", escrito uns vinte anos mais tarde —, que não ignora um certo caráter "transcendental" da sensibilidade, que o ser se iguala ao aparecer para uma subjetividade de essência prática... Nem teórica (em posição de fundamento ou de *representante*) nem psicológica (em situação de interioridade *representada*), esta última se define por e em um movimento de *subjetivação* cujo agenciamento de crenças e de paixões, fora de qualquer transcendência (do sujeito ou do objeto), é de ajuste da imanência em relação ao devir num *continuum* de intensidades que compõe o fluxo intensivo da corrente de consciência e remete à intensidade da idéia na corrente de pensamento[4].

Por haver assim enfrentado o paradoxo das relações, em lugar de reduzi-lo à forma de interioridade do juízo de atribuição, e por haver desse modo explorado o campo da *empiria* (esse mundo aparentemente fictício que é de fato o nosso...), partindo sempre de situações muito concretas, a filosofia empirista pode ser concebida como um "protesto vital contra os princípios" (*Dialogues*, com Claire Parnet), alternando exercício de ficções e prática de artifícios. Uma espécie de pop'filosofia *avant la lettre* selando a "grande conversão da teoria à prática", transformando a teoria em *enquête*.

PROPOSIÇÃO I: *A filosofia deve constituir-se como teoria do que fazemos, não como a teoria do que é, pois o pensamento só diz o que é ao dizer o que faz: re-construir a imanência substituindo as unidades abstratas por multiplicidades concretas, o É de unificação pelo E enquanto processo ou devir (uma multiplicidade para cada coisa, um mundo de fragmentos não-totalizáveis comunicando-se através de relações exteriores).*

*

O trabalho sobre Bergson realizado após a publicação de *Empirisme et subjectivité*, com os dois artigos publicados em 1956 ("Bergson" e "La conception de la différence chez Bergson") sistematizados dez anos mais tarde em *Le bergsonisme* (1966) — e não *Bergson*, assim como houve um *Nietzsche*, um *Spinoza*, um *Foucault*, um *Leibniz*... (e também um *Kant*, ao qual seremos levados a voltar) —, destina-se a pensar a questão do Monismo como afirmação vitalista da Diferença na irredutível multiplicidade do devir. Pois a igualdade entre o ser e a diferença só será exata se diferença for *diferençação*, isto é, processo e criação, individuação como processo (*élan vital*); e se, a partir de um virtual que, sem ser atual, possui enquanto tal uma *realidade intensiva* (quantidade intensiva abstrata) dotada de uma potência de singularização por pontos relevantes, atingir-se a essência pura de um Tempo não cronológico. ("É o presente que passa, que define o atual", implica indivíduos já constituídos; mas "é no virtual que o passado se conserva".) Tempo-potência contra Estado-dos-lugares, *a distinção entre o virtual e o atual corresponde à cisão mais fundamental do Tempo*. Estabelecendo uma relação de imanência do virtual com sua atualização, isto é, uma maneira de *cristalização* entre o virtual e o atual quando não há mais limite identificável entre os dois, surge a imagem-cristal, o cristal de tempo descoberto por Deleuze no cerne da criação cinematográfica, na imagem da Dama de Xangai...

Fundado numa crítica à categoria de possível que retrojeta sobre si mesma um real todo feito e pré-formado, e de um só lance opera uma crítica à soberania do negativo e à oposição dialética como *falso movimento*, o vitalismo bergsoniano é investido de modo a permitir afirmar a existência de um *inconsciente ontológico diferencial* cujo volume cônico obtura qualquer dualismo entre sensível e inteligível, matéria e duração. "A Duração difere da matéria por ser antes de tudo aquilo que difere de si, de modo que a matéria de que difere é ainda duração": a matéria é o grau mais baixo da diferença (como a distensão face à contração, ou o atual face ao virtual).

É toda a dimensão bergsoniana da fórmula proposta por Deleuze: "pluralismo = monismo", que só adquire sentido concebendo-se a multiplicidade como um verdadeiro substantivo, situado aquém da oposição dialética entre o um e o múltiplo, que foi substituída pela diferença entre os dois tipos de multiplicidade: a multiplicidade numérica, material e atual, multiplicidade distinta que implica o espaço como uma de suas condições, devendo também ser explicado a partir dela (Riemann); e a multiplicidade qualitativa que implica a duração enquanto coexistência virtual do um e do múltiplo, *nem* um *nem* múltiplo, *uma* multiplicidade... E Deleuze não cessará de voltar à revolução introduzida por Bergson no segundo capítulo do *Essai sur les données immédiates de la conscience*, onde a polaridade espaço-duração não é introduzida senão em função do tema anterior e mais profundo das duas multiplicidades, quando se trata de reportar a pura duração à idéia de uma heterogeneidade pura. "Diferençado [*Différentié*] sem ser diferen*ci*ado [*différencié*]", diferença interna "diferencial [*différentielle*] em si mesma e diferenciadora [*différenciatrice*] em seu efeito": este complexo que será designado pelo nome de diferen$^{c}_{ci}$ação im-põe a virtualidade como objeto mesmo da teoria *onde a práxis se deve instalar para promover um sujeito sempre nômade*, "feito de individuações, mas impessoais, ou de singularidades, mas pré-individuais".

Com o que, Deleuze pôde reconhecer-se num certo estruturalismo (é o princípio da resposta à questão "À quoi reconnaît-on le structuralisme?": pela estrutura como virtualidade, multiplicidade de coexistências virtuais efetuando-se em ritmos diversos consoante um tempo de atualização multi-serial...), antes de denunciar sua incapacidade de dar conta de uma realidade própria ao devir num texto posterior de *Mille plateaux*: "*Souvenirs d'un bergsonien*".

Pois é a partir de seus estudos bergsonianos[5] que Deleuze pode opor à sedentariedade da individuação numérica a insistência nômade do virtual no atual, puro dinamismo espaço-temporal destinado a nos permitir apreender o mundo em seu caráter ideal de acontecimento [*événementialité idéelle*] e "a experiência real em todas as suas particularidades" (heterogênese). Daí uma segunda proposição que resume esse naturalismo experimental para o qual *a filosofia se confunde com a ontologia*, pelo qual *a ontologia se funde na univocidade do ser* (segundo as famosas fórmulas de *Logique du sens*).

PROPOSIÇÃO II: *A filosofia é indissociável de uma teoria das multiplicidades intensivas à medida que a intuição enquanto método é um método antidialético de busca e de afirmação da diferença no jogo do atual e do virtual.*

*

Descoberta simultânea de Bergson e de Nietzsche, Nietzsche ou o Retorno da diferença que iria permitir a Deleuze avançar na exploração do *elemento prático da diferença enquanto afirmação ontológica elevada a sua mais alta potência* no campo diferencial das forças, do sentido e do valor. Com *Nietzsche et la philosophie* (1962), uma vez estabelecido que o sentido não aparece senão na relação da coisa com a força de que ela é o *signo* (e todo signo, nesse sentido, exige *avaliação* dentro de uma lógica das forças: a força é afirmação de um ponto de vista[6]), é o ser da diferença enquanto tal, da diferença livre de qualquer forma de interioridade (da alma, da essência ou do conceito), que se vê afirmado na doutrina do Eterno Retorno. Por haver investido a vontade como elemento diferencial da força, o Eterno Retorno liberta-se da curvatura do círculo para não mais fazer voltar senão aquilo que afirma ou é afirmado. Substituto inesperado da lembrança pura bergsoniana, na alegria do devir-ativo "voltar é o ser da diferença que exclui todo o negativo", inclui todo o singular. O ser como vivente, a volta da diferença como forma de experiência vital quando "a seleção não incide mais sobre a pretensão mas sobre a potência" (segundo a fórmula definitiva de "Platão, os gregos" — modéstia da potência, em oposição à pretensão dos Rivais...). Pois se Nietzsche denuncia como ninguém antes todas as mistificações que desfiguram a filosofia e desviam o pensamento da afirmação da vida (do ideal ascético ao ideal moral, do ideal moral ao ideal do conhecimento, com o humanismo como *a mais profunda e a mais superficial* das mistificações: o homem superior, o homem verídico, prodigiosa cadeia de falsários...), é porque ele haverá sido o primeiro a ousar inscrever *num corpo a relação com o fora como campo de forças e de intensidades:* "o corpo da Terra, o corpo do livro, o corpo de Nietzsche sofrendo" voltando em todos os nomes da história ("Pensée nomade") — *isto é*, meu próprio corpo à medida que ele não é Carne e não tem mais *Eu* no centro, Corpo sem Órgãos...

PROPOSIÇÃO III: *Se a afirmação do múltiplo é a proposição especulativa e a alegria do diverso a proposição prática, é preciso afirmar a filosofia como esse pensamento nômade que cria conceitos como maneiras de ser e modos de existência.*

*

Com *Spinoza et le problème de l'expression* (1968) e as inúmeras retomadas a que Espinosa deu lugar (*Spinoza* [1970]; *Spinoza. Philosophie pratique* [1981]; "Sur Spinoza", de *Dialogues* [1977] e de *Pourparlers* [1990]; "Souvenirs à/d'un spinoziste", mas também "Comment se faire un Corps sans Organes", em *Mille plateaux* [1980], pois "afinal o grande livro sobre o CsO não seria a *Ética*?"; *Qu'est-ce que la philosophie?* [1991], onde a Espinosa é outorgado o título de "príncipe da filosofia", "príncipe da imanência"...; "Spinoza et les trois *Éthiques*", onde se consuma *Critique et clinique* [1993]), chega-se à celebração da "grande identidade Nietzsche-Espinosa", para a qual "tudo tendia". É que Espinosa desenvolve essa mesma passagem, reaberta a golpes de martelo por Nietzsche, própria a ligar a ontologia bergsoniana, o bergsonismo de Deleuze, a uma *ética da expressão como atividade constitutiva do ser*[7], estabelecimento e construção de um plano comum de imanência. "Pois ele é a um só tempo plenamente plano de imanência, e contudo deve ser construído, para que se viva de uma maneira espinosista."

A tomar Espinosa assim pelo meio ("nós no meio de Espinosa", diz Deleuze), logo se percebe que ele encarna o perigo filosófico extremo, da imanência e da univocidade absolutas, porque possui a fórmula mais simples, a fórmula que consuma a filosofia, *exalçando*[b] o não-filosófico: "imanência da expressão naquilo que se exprime, e do que se exprime na expressão"[8]. Quando a potência do ser volta no *conatus* como potência de pensar porque o interior não é mais que um exterior selecionado e o exterior um interior projetado... Quando a potência de pensar se define pelos afectos que é capaz de produzir para individuar a vida que a compreende e "explicar" o desejo de que é inseparável como potencial e acontecimento. Daí os conceitos filosóficos, ao modo das "noções comuns" espinosistas, serem suscetíveis de uma *avaliação biológica que remete em última análise ao corpo como modelo* e aos "poderes de afetar e de ser afetado que caracterizam cada coisa" no Plano de Vida. Em toda a face da Natureza um único Animal abstrato, infinitamente variável e transformável (os afectos são devires), para todos os agenciamentos que o efetuam e para todos os conceitos que o exprimem.

PROPOSIÇÃO IV: *Ética do Ser-Pensamento, ética das relações que opõem as potências da vida às doutrinas do juízo, a filosofia é uma onto-etologia à medida que seus conceitos formam mundos possíveis e acontecimentos presos no movimento de um infinito virtual-real.*

*

À vista da progressiva instalação desse Quadrante, é díficil perceber o sentido do trabalho sobre Kant, com o livro de 1963 (*La philosophie critique de Kant*) e sua retomada no mínimo inesperada no artigo de 1986: "Sur quatre formules poétiques qui pourraient résumer la philosophie kantienne" (retomado em *Critique et clinique*). Ao falar sobre ele, Deleuze o faz para precisar tê-lo concebido como "um livro sobre um inimigo" que se tenta mostrar "como funciona, quais são suas engrenagens...", uma vez dito que *mesmo Kant, quando denuncia o uso transcendente das sínteses, é levado a erigir um plano de imanência, ainda que se atenha à experiência possível e não à experimentação real* (cf. *Pourparlers*). A crítica, desenvolvida em *Différence et répétition* e retomada em *Logique du sens*, consiste em mostrar que Kant não faz o que diz nem diz o que faz, à medida que "se contenta" em decalcar dos caracteres do empírico o transcendental; fracassa assim em produzir uma verdadeira gênese que ultrapasse o plano da representação, condição da experiência possível de um real já individuado, que não concebe o diverso senão aprisionado na unidade *a priori* do sujeito e do objeto. Mas "a rede é tão frouxa que por ela passam os maiores peixes", pois essas categorias são a um só tempo demasiado gerais e excessivamente individuais para o sensível. Será assim preciso mergulhar na matéria da sensibilidade para dela extrair o caráter transcendental e *conferir à estética transcendental um estatuto real* — e não mais apenas formal, enquanto as sensações estiverem ligadas à forma *a priori* de sua representação —, liberando o jogo das singularidades de um tempo submetido ao primado das categorias da consciência...[9] Reencontramos aqui a cronologia bergsoniana que margeia, a montante e a jusante, *A filosofia crítica de Kant*.

Sucede que a crítica a Kant introduz uma dimensão nova na história da filosofia deleuziana, desenvolvendo uma função de *contra-efetuação* na qual se vem inscrever a posição problemática da modernidade.

Em duplo nível.

É antes de tudo o livro sobre Kant que porta o subtítulo *Doutrina das faculdades*, e que investe a *Crítica do juízo* de modo a mostrar que só o senso comum estético pode ser objeto de uma gênese propriamente transcendental, à medida que ele manifesta a existência de um acordo livre e indeterminado entre as faculdades, e que este último forma o "fundo vivo" pressuposto por todo acordo determinado, sob uma faculdade determinante e legisladora (entendimento: senso comum lógico; razão: senso comum moral). "Com isso, o senso comum estético não completa os dois outros; *ele os funda ou torna-os possíveis*", ultrapassando a bela forma, ligando-se à matéria empregada pela natureza para produzir o belo, uma matéria fluida e cristalina que duplica a estética formal do gosto por uma "meta-estética *material*". O romantismo kantiano seria assim portador de uma revolução copernicana bem outra que não a "clássica" submissão do objeto qualquer ao sujeito (do senso comum) lógico, revolução própria para, numa relação de imanência radical, investir o ser mesmo do sensível como questão que está em jogo num empirismo transcendental — sob a forma de uma *nova estética transcendental*. Dito ainda de outro modo, em estilo tão característico: "juízo determinante e juízo de reflexão não são como duas espécies do mesmo gênero. O juízo de reflexão manifesta um fundo que permanecia oculto no outro. Mas o outro, já então, não era juízo senão por esse fundo vivo".

Com o artigo sobre as quatro fórmulas poéticas que "poderiam resumir a filosofia kantiana", Deleuze não se propõe mais a restituir as linhas de força constitutivas da elaboração textual do método transcendental, porém, mais radicalmente, a submeter o pensamento kantiano à *heterogênese de seu impensado* a fim de arrastá-lo em direção a um fora explorado em outra parte em termos de *capitalismo e esquizofrenia* (conforme o título geral de *L'Anti-Œdipe* e de *Mille plateaux*).

Quatro grandes reversões podem então ser definidas:

1. reversão do tempo em relação aos movimentos cardeais do mundo, com o tempo *out of joint* que se descobre pura ordem do tempo "como tempo da cidade e nada mais";

2. reversão do tempo em relação ao movimento intensivo da alma, com a descoberta da *linha do tempo* [*fil du temps*] que não cessa de reportar o Eu ao *Eu*[c] sob a condição de uma diferença fundamental: "Eu é um outro" ou o paradoxo do sentido interno, quando "a loucura do sujeito corresponde ao tempo fora dos eixos";

3. reversão da Lei, elevada a sua unicidade pura e vazia, em relação ao Bem, que nos anuncia o tempo kafkiano do julgamento diferido e da dívida infinita;

4. estabelecimento de uma estética do belo e do sublime que nos propõe um exercício nos limites das faculdades, de desregramento de todos os sentidos, "para formar estranhas combinações como fontes do tempo"...

Quando a história da filosofia se faz experiência-de-pensamento de um tempo situado sob o signo de seus elementos de curvatura, de declinação, de inflexão, de bifurcação criadora... quando "o antes e o depois não indicam mais do que uma ordem de superposições", e por conseguinte se é levado a considerar, no ponto de uma imagem moderna do pensamento, *o tempo da filosofia e a filosofia do tempo mais do que a história da filosofia.*

ESCÓLIO I: *De um ponto de vista filosófico, a história da filosofia só vale à medida que começa a introduzir tempo filosófico no tempo da história. Questão de devires que extraem a história de si mesma, história universal de um princípio de razão contingente, ela poderá assim ser concebida como o meio onde se negocia o cruzamento necessário da filosofia com a história* tout court, *todavia também com as ciências e as artes.*

*

Desdobrando o Pensamento-mundo de uma filosofia transcendental leibniziana "que se volta para o acontecimento mais do que para o fenômeno, substitui o condicionamento kantiano por uma dupla operação de atualização e de realização transcendentais (animismo e materialismo)", o último livro de Deleuze voltado para um filósofo, *Le pli. Leibniz et le baroque* (1989), dele fornece a impecável *maneira*. Mas como pensar o acontecimento a que está associado o nome de Leibniz — a saber, uma teoria do singular como acontecimento, assegurando a interioridade do conceito e do indivíduo, assumindo o conceito como um ser metafísico que participa de um mundo cujas relações são todas elas internas (a monadologia): e algo do percurso de Deleuze na história da filosofia a partir do empirismo se fecha aqui, um fecho ou uma *dobra* que fará do próximo livro a narração em estilo direto do ser-mundo d*a* filosofia (uma nomadologia) —, como entrar no universo leibniziano sem refazer o gesto material que liberou as máquinas barrocas (a dobra que vai ao infinito), sem restituir o ato operatório que soube definir seu ponto de inesão propriamente metafísico e que constitui a contribuição do leibnizianismo para a filosofia (o paradigma da dobra como método "organicista" de elevação do pensamento ao infinito do jogo labiríntico do mundo)? Sem reviver "as núpcias do conceito e da singularidade" e reencontrar todo um bergsonismo como presente entre os temas de Leibniz na fórmula *Omnis in unum*? É portanto num mesmo movimento que se poderá ver "o quanto Leibniz participa desse mundo [barroco], ao qual oferece a filosofia que faltava", e que se poderá *dobrar* o texto leibniziano a fim de envolvê-lo em nosso mundo caótico constituído de séries divergentes que não mais se resolvem em acordos (caosmos: o jogo que diverge). Compor um novo Barroco...

Dobra sobre dobra, um neoleibnizianismo revela-se assim como endereçamento da imagem moderna do pensamento em seus processos de compossibilitação das mais radicais heterogeneidades. *Ou seja, a afirmação de um leibnizianismo virtual que implica o leibnizianismo real como sua versão restrita* à última tentativa de reconstituir uma razão clássica... "em um novo tipo de narrativa onde (...) a descrição toma o lugar do objeto, o conceito torna-se narrativo, e o sujeito, ponto de vista, sujeito de enunciação".

Adquire aqui todo seu sentido a observação de Alain Badiou, segundo a qual essa definição do barroco se aplica maravilhosamente à *maneira* deleuziana, em sua potência de narração em que todo Sujeito se resolve, em prol da Assinatura do mundo Leibniz-(Bergson)-Deleuze[10].

ESCÓLIO 2: *Não há história filosófica da filosofia sem que se desenvolvam as filosofias virtuais que dramatizam um jogo de conceitos como expressão do jogo do mundo. Ela não tem tal ou qual filosofia como objeto, mas ponto de vista, pura efetividade que compreende sua efetuação real, (trans-)histórica, como a inflexão primeira e a dobradura original de uma idealidade em si mesma inseparável de uma variação infinita. Tal é o fundamento do perspectivismo deleuziano: a Dobra como operador do Múltiplo, que do ponto dessa imanência singulariza a individuação do pensamento em cada uma das dobras do mundo.*

* * *

Como uma aranha sempre refazendo sua teia, Deleuze extrai, seleciona de cada um de "seus" filósofos um universo virtual de conceitos que dobra sobre um mundo real de forças, de maneira que eles constituirão os únicos "sujeitos"[d] de sua filosofia (princípio altruísta de toda leitura generosa, já que nunca se é tão bem servido quanto por seus outros), destinados a serem investidos como heterônimos, intercessores, personagens conceituais que entram em ressonância num teatro multiplicado onde a dança das máscaras *leva a potência do falso a um grau que se efetua não mais na forma* (é o falsário) *mas na transformação:* "Mistério de Ariadne segundo Nietzsche", eis o profundo nietzscheísmo de Deleuze em seu uso dos nomes próprios, nos quais imprime um verdadeiro *devir-conceito*[11]. A heterogênese e a transmutação deleuziana dão-se assim como (ou melhor: *dão-nos*) a ontogênese de uma filosofia-mundo que investe o plano de imanência ou de univocidade como campo de experiência radical de uma sobrefísica livre de toda Forma, crítica de todas as formas essenciais, substanciais ou funcionais, crítica de todas as formas de transcendência (inclusive em sua última figura, fenomenológica, quando chega o momento de pensar a transcendência no interior do imanente[12]), pela qual haverá "passado" toda a história da filosofia *em sua colocação em variação contínua*. Daí o caráter único da afirmação deleuziana da filosofia como sistema. Com efeito, "o sistema não deve apenas estar em perpétua heterogeneidade, ele deve ser uma *heterogênese*, o que, parece-me, *nunca foi tentado*" (grifo meu)[13].

O que nunca foi tentado foi essa virtualização sistemática da história da filosofia como modo de atualização de *uma* filosofia nova, de uma filosofia *virtual* cuja efetuação infinitamente variável não cessa de *fazer dobras* (dobras sobre dobras); o que afasta Deleuze *a um só tempo* da função-autor e da falsa enunciação do comentador — em prol de uma figura infinitamente mais "barroca" e borgesiana: maneirista.

(São as duas recriminações simétricas que o tempo todo foram dirigidas a Deleuze: ele não é autor, pois comenta, tampouco é comentador, pois fala *à la* Deleuze.)

Apreender a filosofia deleuziana como essa fenomenologia virtual do conceito cuja potência criadora e ontúrgica não se projeta no Aberto do pensamento sem voltar como maneira e matéria do ser, desdobramento no plano de Natureza ou de composição de uma ontologia da experiência que não decalca do empírico o campo transcendental, como o faz Kant: "ele deve por isso ser explorado em nome dele mesmo, portanto 'experimentado' (mas num tipo de experiência muito particular)"... Maneirismo de uma criação continuada, territorial e desterritorializada, que se infinita entre as forças interiores da Terra e as forças exteriores do Caos para fazer fugirem os Mil platôs de um "Cosmos panteísta molecular" — sobre o fundo obscuro de animalidade envolvente (na magnífica expressão de Alain Badiou que não me canso de retomar). Ópera-máquina para "uma imensa Máquina abstrata, entretanto real e individual", à qual Deleuze, no último livro escrito com Félix Guattari (*Qu'est-ce que la philosophie?*; mas ver, já antes, *Rhizome* [1976]), dá o nome sóbrio e luminoso de Pensamento-Cérebro.

Quando o próprio mundo se descobre cérebro, enquanto "expressão e produção se abrem para a materialidade do moderno"[14] e a relação homem/máquina torna-se expressiva/produtiva de um devir que não tem mais sujeito distinto de si mesmo, que não tem mais fora, que não tem mais dentro: "rizoma coletivo, temporal e nervoso" (*Mille plateaux*); devir que porta consigo o pensamento como *auto-objetivação* da Natureza através de relações diferenciais, "no momento em que toda diferença se esfuma entre a natureza e o artifício" (*Pourparlers*). Mundo-Cérebro: independente de todo conteúdo, longe de todo objeto, essa filosofia é de Implicação do Moderno na idéia de um Dentro do puro Fora, no sentido complicado do genitivo leibniziano que já então tornava alucinatória toda percepção (porque a percepção não tem objeto).

De modo que a questão de Deleuze terá sido sempre a de uma imagem material e virtual-atual do Ser-Pensamento, de rizoma e de imanência, com a etologia superior a que ela recorre para seguir os sulcos desconhecidos traçados no mundo-cérebro por toda livre criação de conceitos: novas conexões, novas trilhas, novas sinapses para novas composições que façam, do singular, conceito...

Toda uma pragmática do conceito como ser real, volume absoluto, superfície auto-portadora, cristalização e coalescência, dobra do cérebro sobre si mesmo, *micro-cérebro...*, toda uma "maquínica" do pensamento será assim mobilizada para *fazer o múltiplo* (pois "é preciso um método que efetivamente o faça"), *tomar como sujeito o virtual* ("a atualização do virtual é a singularidade") e responder enfim à questão "o que é a filosofia?" ("a filosofia é a teoria das multiplicidades") — quando chega a velhice, e a hora de falar concretamente, no ponto singular onde o conceito e a criação se reportam um ao outro na grande identidade EXPRESSIONISMO = CONSTRUTIVISMO.

Gilles Deleuze
ou
o EXTRA-SUJEITO[d] da filosofia
e
o PLANO ABERTO do pensamento

uma filosofia virtual
para todos e alguns

NOTAS

[1] R. Machado, *Deleuze e a filosofia*, Rio de Janeiro, Graal, 1990, p. 225.

[a] Não havendo palavras diferentes em português para *Je* e *Moi*, ao longo de todo o texto traduziremos o primeiro por "Eu" e o segundo pelo mesmo termo, apenas que em itálico — "*Eu*". (N. da T.)

[2] M. Foucault, "Theatrum philosoficum" (1970), retomado em *Dits et écrits,* Paris, Gallimard, 1994, Tomo II, p. 84.

[3] A virtualização não é desrealização mas desterritorialização, *cf.* Pierre Lévy, *Qu'est-ce que le virtuel?*, Paris, La Découverte, 1995, capítulos 1 e 9. Para um desenvolvimento de inspiração deleuziano sobre a imagem virtual, *cf.* J.-Clet Martin, *L'Image virtuelle*, a ser publicado.

No momento em que eu revia a versão final deste texto, Jean-Luc Nancy enviava-me sua contribuição a ser publicada no *Deleuze Critical Reader* editado por Paul Patton: "Pli deleuzien de la pensée". Aí encontrei com espanto o seguinte enunciado: "A filosofia de Gilles Deleuze é uma filosofia *virtual*, no sentido em que hoje se emprega este termo..." Em seguida viria a descobrir, antes de ser publicado, e por intermédio de Claire Parnet, a quem aqui agradeço, o texto inédito de Deleuze sobre "O atual e o virtual" aqui publicado em anexo — não sem aí reencontrar a obra de Lévy, citada em nota...

[4] Importância do *encadeamento* Hume-James, característico do "empirismo radical" deleuziano (a expressão é de W. Ja-

mes), para a crítica do Eu transcendental de Husserl, com a referência freqüente a *La Transcendance de l'Ego* de Sartre. No último texto publicado em vida, "L'immanence: une vie..." (*Philosophie,* nº 47, 1995), o próprio Deleuze relaciona Sartre e James sob esse ponto de vista (citando em nota o artigo — em tom bem deleuziano — de D. Lapoujade, "Le flux intensif de la conscience de William James", *Philosophie,* nº 46, 1995); sobre o empirismo de Deleuze, ver o artigo de X. Papaïs, "Puissances de l'artifice", publicado no número dedicado a Gilles Deleuze.

[5] Publicado em 1973 na História da filosofia dirigida por F. Châtelet (Paris, Marabout, 1979, no caso da edição reduzida), o artigo "A quoi reconnaît-on le structuralisme?" abre-se com a frase "*Estamos em 1967*" — ou seja, um ano após a publicação do *Bergsonisme.* O que explica em parte *como* a virtualização do estruturalismo condiciona *Logique du sens* (1969).

[6] O que será desenvolvido de outro modo em *Proust et les signes* (1964; 1970, no caso da edição aumentada). Essa questão do signo-sentido foi magistralmente exposta por F. Zourabichvili em *Deleuze. Une philosophie de l'événement*, Paris, PUF, 1994, ("Rencontre, signe, affect").

[7] *Cf.* M. Hardt, *Gilles Deleuze. An Apprenticeship in Philosophy,* University of Minnesota Press, Minneapolis-London, 1993, cap. 3 (a sair em trad. bras. pela Ed. 34); e minha resenha em *Critique,* nº 560-561, 1994: "Deleuze, philosophie pratique?".

[b] "Exalçando", além do sentido de "exaltar", "elevar", "alçar" deve fazer lembrar "exaustando/exaustão" — como no original francês *exhaussant* ou "elevando", "alçando" faz lembrar *exhaustion.* Perde-se contudo na tradução a homonímia entre *exhaussant* e *exauçant* — ou "escutando", assim como é escutada ou atendida uma promessa. (N. da T.)

[8] É difícil ver como F. Laruelle, em nome de uma não-filosofia generalizada (?), pode deduzir da "confusão entre a imanência e o múltiplo" uma "forma pura da transcendência" qualquer...

Compreende-se, em compensação, que esse autor reivindique para si mesmo os Axiomas de um pensamento não-espinosista. *Cf.* Laruelle, "Réponse à Deleuze", *in* Non-philosophie, le Collectif, *La Non-Philosophie des contemporains*, Ed. Kimé, 1995, pp. 49-78.

[9] No belo livro de Jean-Clet Martin serão reencontradas todas as variações da "demonstração" deleuziana: *Variations. La philosophie de Gilles Deleuze*, Paris, Payot, 1993.

[c] *Cf.* nota de tradução 'a'.

[10] A. Badiou, "Le Pli: Leibniz et le baroque", *in Annuaire philosophique 1988-1989*, Paris, Seuil, 1989, pp. 164-165.

[d] E em "sujeito" [*sujet*] há que ouvir, também, "assunto" — sentido que em português não nos ocorre de imediato associar a tal palavra. (N. da T.)

[11] Cruzo aqui ainda com a análise de J.-L. Nancy, que observa com muito acerto que *paralelamente* ao "devir-conceito" dos nomes próprios a filosofia deleuziana imprime um "devir-nome-próprio" nos conceitos (e citar platô ou rizoma, ritornelo ou dobra...).

[12] *Cf.* E. Alliez, *A Assinatura do mundo, ou o que é a filosofia de Deleuze e Guattari?*, Rio, Ed. 34, 1995 (III.-Onto-etológicas); e sobretudo *Da impossibilidade da fenomenologia. Sobre a filosofia francesa contemporânea*, Rio, Ed. 34, 1996 (II.-Posições da filosofia).

[13] Extraída da Carta-prefácio de Gilles Deleuze ao livro de J.-Clet Martin, essa afirmação adquire um estatuto bastante único no *corpus* deleuziano.

[14] A. Negri, "Sur Mille plateaux", *Chimères*, nº 17, 1992, p. 80.

Gilles Deleuze

O ATUAL E O VIRTUAL*

* Texto originalmente publicado em anexo à nova edição de *Dialogues*, de Gilles Deleuze e Claire Parnet (Paris, Flammarion, 1996).

1.

A filosofia é a teoria das multiplicidades. Toda multiplicidade implica elementos atuais e elementos virtuais. Não há objeto puramente atual. Todo atual rodeia-se de uma névoa de imagens virtuais. Essa névoa eleva-se de circuitos coexistentes mais ou menos extensos, sobre os quais se distribuem e correm as imagens virtuais. É assim que uma partícula atual emite e absorve virtuais mais ou menos próximos, de diferentes ordens. Eles são ditos virtuais à medida que sua emissão e absorção, sua criação e destruição acontecem num tempo menor do que o mínimo de tempo contínuo pensável, e à medida que essa brevidade os mantém, conseqüentemente, sob um princípio de incerteza ou de indeterminação. Todo atual rodeia-se de círculos sempre renovados de virtualidades, cada um deles emitindo um outro, e todos rodeando e reagindo sobre o atual ("no centro da nuvem do virtual está ainda um virtual de ordem mais elevada... cada partícula virtual rodeia-se de seu cosmo virtual, e cada uma por sua vez faz o mesmo indefinidamente..."[1]). Em virtude da identidade dramática dos dinamismos, uma percepção é como uma partícula: uma percepção atual rodeia-se de uma nebulosidade de imagens virtuais que se distribuem sobre circuitos moventes cada vez mais distantes, cada vez mais amplos, que se fazem e se desfazem. São lembranças de ordens diferentes: diz-se serem imagens virtuais à medida que sua velocidade ou sua brevidade as mantém aqui sob um princípio de inconsciência.

As imagens virtuais são tão pouco separáveis do objeto atual quanto este daquelas. As imagens virtuais reagem portanto sobre o atual. Desse ponto de vista, elas medem, no conjunto dos círculos ou em cada círculo, um *continuum*, um *spatium* determinado em cada caso por um máximo de tempo pensável. A esses círculos mais ou menos extensos de imagens virtuais correspondem camadas mais ou menos profundas do objeto atual. Estes formam o impulso total do objeto: camadas elas mesmas virtuais, e nas quais o objeto atual se torna por sua vez virtual[2]. Objeto e imagem são ambos aqui virtuais, e constituem o plano de imanência onde se dissolve o objeto atual. Mas o atual passou assim por um processo de atualização que afeta tanto a imagem quanto o objeto. O *continuum* de imagens virtuais é fragmentado, o *spatium* é recortado conforme decomposições regulares ou irregulares do tempo. E o impulso total do objeto virtual quebra-se em forças que correspondem ao *continuum* parcial, em velocidades que percorrem o *spatium* recortado[3]. O virtual nunca é independente das singularidades que o recortam e dividem-no no plano de imanência. Como mostrou Leibniz, a força é um virtual em curso de atualização, tanto quanto o espaço no qual ela se desloca. O plano divide-se então numa multiplicidade de planos, segundo os cortes do *continuum* e as divisões do impulso que marcam uma atualização dos virtuais. Mas todos os planos formam apenas um único, segundo a via que leva ao virtual. O plano de imanência compreende a um só tempo o virtual e sua atualização, sem que possa haver aí limite assimilável entre os dois. O atual é o complemento ou o produto, o objeto da atualização, mas esta não tem por sujeito senão o virtual. A atualização pertence ao virtual. A atualização do virtual é a singularidade, ao passo que o próprio atual é a individualidade constituída. O atual cai para fora do plano como fruto, ao passo que a atualização o reporta ao plano como àquilo que reconverte o objeto em sujeito.

2.

Consideramos até o momento o caso em que um atual rodeia-se de outras virtualidades cada vez mais extensas, cada vez mais longínquas e diversas: uma partícula cria efêmeros, uma percepção evoca lembranças. Mas o movimento inverso também se impõe: quando os círculos se estreitam, e o virtual aproxima-se do atual para dele distinguir-se cada vez menos. Atinge-se um circuito interior que reúne tão-somente o objeto atual e sua imagem virtual: uma partícula atual tem seu duplo virtual, que dela se afasta muito pouco; a percepção atual tem sua própria lembrança como uma espécie de duplo imediato, consecutivo ou mesmo simultâneo. Com efeito, como mostrava Bergson, a lembrança não é uma imagem atual que se formaria após o objeto percebido, mas a imagem virtual que coexiste com a percepção atual do objeto. A lembrança é a imagem virtual contemporânea ao objeto atual, seu duplo, sua "imagem no espelho"[4]. Há também coalescência e cisão, ou antes oscilação, perpétua troca entre o objeto atual e sua imagem virtual: a imagem virtual não pára de tornar-se atual, como num espelho que se apossa do personagem, tragando-o e deixando-lhe, por sua vez apenas uma virtualidade, à maneira d'*A dama de Xangai*. A imagem virtual absorve toda a atualidade do personagem, ao mesmo tempo que o personagem atual nada mais é que uma virtualidade. Essa troca perpétua entre o virtual e o atual define um cristal. É sobre o plano de imanência que aparecem os cristais. O atual e o virtual coexistem, e entram num estreito circuito que nos reconduz constantemente de um a outro. Não é mais uma singularização, mas uma individuação como processo, o atual e seu virtual. Não é mais uma atualização, mas uma cristalização. A pura virtualidade não tem mais que se atualizar, uma vez que é estritamente correlativa ao atual com o qual forma o menor circuito. Não há mais inassinalabilidade do atual e do virtual, mas indiscernibilidade entre os dois termos que se intercambiam.

Objeto atual e imagem virtual, objeto tornado virtual e imagem tornada atual: são essas as figuras que já aparecem na óptica elementar[5]. Mas, em todos os casos, a distinção entre o virtual e o atual corresponde à cisão mais fundamental do Tempo, quando ele avança diferenciando-se segundo duas grandes vias: fazer passar o presente e conservar o passado. O presente é um dado variável medido por um tempo contínuo, isto é, por um suposto movimento numa única direção: o presente passa à medida que esse tempo se esgota. É o presente que passa, que define o atual. Mas o virtual aparece por seu lado num tempo menor do que aquele que mede o mínimo de movimento numa direção única. Eis por que o virtual é "efêmero". Mas é também no virtual que o passado se conserva, já que o efêmero não cessa de continuar no "menor" seguinte, que remete a uma mudança de direção. O tempo menor do que o mínimo de tempo contínuo pensável numa direção é também o mais longo tempo, mais longo do que o máximo de tempo contínuo pensável em todas as direções. O presente passa (em sua escala), ao passo que o efêmero conserva e conserva-se (na sua escala). Os virtuais comunicam-se imediatamente por cima do atual que os separa. Os dois aspectos do tempo, a imagem atual do presente que passa e a imagem virtual do passado que se conserva, distinguem-se na atualização, tendo simultaneamente um limite inassinalável, mas intercambiam-se na cristalização até se tornarem indiscerníveis, cada um apropriando-se do papel do outro.

A relação do atual com o virtual constitui sempre um circuito, mas de duas maneiras: ora o atual remete a virtuais como a outras coisas em vastos circuitos, onde o virtual se atualiza, ora o atual remete ao virtual como a seu próprio virtual, nos menores circuitos onde o virtual cristaliza com o atual. O plano de imanência contém a um só tempo a atualização como relação do virtual com outros termos, e mesmo o atual como termo com o qual o virtual se intercambia. Em todos os casos, a relação do atual com o virtual não é a que se pode estabelecer entre dois atuais. Os atuais implicam indivíduos já constituídos, e determinações por pontos ordinários; ao passo que a relação entre o atual e o virtual forma uma individuação em ato ou uma singularização por pontos relevantes a serem determinados em cada caso.

NOTAS

[1] Michel Cassé, *Du vide et de la création*, Editions Odile Jacob, pp. 72-73. E o estudo de Pierre Lévy, *Qu'est-ce que le virtuel?*, Éd. de la Découverte.

[2] Bergson, *Matière et mémoire*, Éd. du Centenaire, p. 250 (os capítulos II e III analisam a virtualidade da lembrança e sua atualização).

[3] *Cf.* Gilles Châtelet, *Les Enjeux du mobile*, Éd. du Seuil, pp. 54-68 (das "velocidades virtuais" aos "recortes virtuais").

[4] Bergson, *L'Énergie spirituelle*, "a lembrança do presente...", pp. 917-920. Bergson insiste nos dois movimentos, em direção a círculos cada vez mais amplos, em direção a um círculo cada vez mais estreito.

[5] A partir do objeto atual e da imagem virtual, a óptica mostra em que caso o objeto se torna virtual, e, a imagem, atual; mostra depois como o objeto e a imagem se tornam ambos atuais, ou ambos virtuais.

OBRAS DE GILLES DELEUZE (1925-1995)*

* Relação atualizada por Luiz B.L. Orlandi, a partir da estabelecida por Roberto MACHADO, *Deleuze e a filosofia*, Rio de Janeiro, Graal, 1990, pp. 227-234.

Livros

David Hume, sa vie, son oeuvre, avec un exposé de sa philosophie (com André CRESSON), Paris, PUF, 1952.

Empirisme et subjectivité, Paris, PUF, 1953.

Instincts et instituitions. Textes et documents philosophiques. (org., prefácio e apres. de G. Deleuze), Paris, Hachette, 1955.
"Instintos e instituições", tr. br. de Fernando J. Ribeiro, *in* Carlos Henrique ESCOBAR (org.), *Dossier Deleuze*, Rio de Janeiro, Hólon, 1991, pp. 134-137.

Nietzsche et la philosophie, Paris, PUF, 1962.
Nietzsche e a filosofia, tr. br. de Ruth Joffily Dias e Edmundo Fernandes Dias. Rio de Janeiro, Ed. Rio, 1976.

La philosophie critique de Kant, Paris, PUF, 1963.
Para ler Kant, tr. br. de Sonia Pinto Guimarães, Rio de Janeiro, Francisco Alves, 1976.

Proust et les signes, Paris, PUF, 1964 (1ª ed.); 1976 (4ª ed. atualizada).

Proust e os signos, tr. br. da 4ª ed. fr. de Antonio Piquet e Roberto Machado, Rio de Janeiro, Forense Universitária, 1987.

Nietzsche, Paris, PUF, 1965.
Nietzsche, tr. port. de Alberto Campos, Lisboa, Ed. 70, 1981.

Le bergsonisme, Paris, PUF, 1966.

Présentation de Sacher-Masoch, Paris, PUF, 1967.
Apresentação de Sacher-Masoch, tr. br. de Jorge de Bastos, Rio de Janeiro, Taurus, 1983.

Différence et répétition, Paris, PUF, 1968.
Diferença e repetição, tr. br. de Luiz Orlandi e Roberto Machado, Rio de Janeiro, Graal, 1988.

Spinoza et le problème de l'expression, Paris, Minuit, 1968.

Logique du sens, Paris, Minuit, 1969.
Lógica do sentido, tr. br. de Luiz Roberto Salinas Fortes, São Paulo, Perspectiva, 1982.

Spinoza, Paris, PUF, 1970.
Espinoza e os signos, tr. port. de Abílio Ferreira, Porto, Rés, s.d.

L'anti-Oedipe (com Félix GUATTARI), Paris, Minuit, 1972 (1ª ed.); 1973 (nova ed. aumentada).
O anti-Édipo, tr. br. de Georges Lamazière, Rio de Janeiro, Imago, 1976.

Kafka - Pour une littérature mineure (com Félix GUATTARI), Paris, Minuit, 1975.
Kafka - Por uma literatura menor, tr. br. de Julio Castanon Guimarães, Rio de Janeiro, Imago, 1977.

Rhizome (com Félix GUATTARI), Paris, Minuit, 1976 (reed. em *Mille plateaux*).

Dialogues (com Claire PARNET), Paris, Flammarion, 1977.

Superpositions (com Carmelo BENE), Paris, Minuit, 1979.

Mille plateaux (com Félix GUATTARI), Paris, Minuit, 1980.

Mil platôs, vol. 1, incluindo: Prefácio para a edição italiana [de 1988]; "Introdução: Rizoma" "1914 - Um só ou vários lobos" e "10.000 a.C. - A geologia da moral (Quem a terra pensa que é?)". Tr. br. de Aurélio Guerra Neto e Celia Pinto Costa, Rio de Janeiro, Ed. 34, 1995.

Mil platôs, vol. 2, incluindo: "20 de novembro de 1923 - Postulados da lingüística" e "587 a.C. - 70 d.C. - Sobre alguns regimes de signos". Tr. br. de Ana Lúcia de Oliveira e Lúcia Cláudia Leão, Rio de Janeiro, Ed. 34, 1995.

Mil platôs, vol. 3, incluindo: "28 de novembro de 1947 - Como criar para si um corpo sem órgãos", "Ano zero - Rostidade", "1874 - Três novelas ou 'O que se passou?'" e "1933 - Micropolítica e segmentaridade". Tr. br. de Aurélio Guerra Neto, Ana Lúcia de Oliveira, Lúcia Cláudia Leão e Suely Rolnik, Rio de Janeiro, Ed. 34, 1996.

Mil platôs, vol. 4, incluindo: "1730 - Devir-intenso, devir-animal, devir-imperceptível" e "1837 - Do ritornelo". Tr. br., São Paulo, Ed. 34 (no prelo).

Mil platôs, vol. 5, incluindo: "1227 - Tratado de nomadologia: a máquina de guerra", "7000 a.C. - Aparelho de captura", "1440 - O liso e o estriado" e "Conclusão: Regras concretas e máquinas abstratas". Tr. br., São Paulo, Ed. 34 (no prelo).

Spinoza. Philosophie pratique, Paris, Minuit. 1981.

Francis Bacon: Logique de la sensation, 2 vols., Paris, Ed. de la Différence, 1981.

Cinéma 1. L'image-mouvement, Paris, Minuit, 1983.

Cinema 1. A imagem-movimento, tr. br. de Stella Senra, São Paulo, Brasiliense, 1985.

Cinéma 2. L'image-temps. Paris, Minuit, 1985.

Cinema 2. A imagem-tempo., tr. br. de Eloisa de Araujo Ribeiro, São Paulo, Brasiliense, 1990.

Foucault, Paris, Minuit, 1986.
Foucault, tr. port. de José Carlos Rodrigues, Lisboa, Vega, 1987.
Foucault, tr. br. de Claudia Sant'Anna Martins, São Paulo, Brasiliense, 1988.

Le pli. Leibniz et le baroque, Paris, Minuit, 1988.
A dobra. Leibniz e o barroco, tr. br. de Luiz B.L. Orlandi, Caminas, Papirus, 1991.

Périclès et Verdi, Paris, Minuit, 1988.

Pourparlers (1972-1990), Paris, Minuit. 1990.
Conversações (1972-1990), tr. br. de Peter Pál Pelbart, Rio de Janeiro, Ed. 34, 1992.

Qu'est-ce que la philosophie? (com Félix GUATTARI), Paris, Minuit, 1991.
O que é a filosofia?, tr. br. de Bento Prado Jr. e Alberto Alonso Muñoz, Rio de Janeiro, Ed. 34, 1992.

L'Épuisé, em seguida a *Quad, Trio du Fantôme, ... que nuages... et Nacht und Träume* (de Samuel BECKETT), Paris, Minuit, 1992.

Critique et clinique, Paris, Minuit. 1993.
Crítica e clínica, tr. br. de Peter Pál Pelbart, São Paulo, Ed. 34 (no prelo).

Artigos, Prefácios, Entrevistas, Resenhas

ANOS 40

"Description de la femme. Pour une philosophie d'autrui sexuée", *Pensée*, nº 28, 1945.

"Descrição da mulher. Por uma filosofia de outrem sexuada", tr. br. de Ricardo Augusto Vieira, Campinas, DF-IFCH-UNICAMP, micrografada, s.d.

"Du Christ à la bourgeoisie", *Espace*, 1946, pp. 93-106.

"Mathèse, science et philosophie", introdução a Jean Malfatti de MONTEREGGIO, *Études sur la Mathèse ou anarchie et hiérarchie de la science*, Paris, Griffon d'Or, 1946, pp. IX-XXIV.

Prefácio a Denis DIDEROT, *La religieuse*, Paris, Marcel Daubin, 1947, pp. VII-XX.

ANOS 50

"La conception de la différence chez Bergson", *Les Études bergsoniennes*, vol. IV, Paris, Albin Michel, 1956, pp. 77-112.

"Bergson", *in* Maurice MERLEAU-PONTY (dir.), *Les philosophes célèbres*, Paris, Mazenod, 1956, pp. 292-299.

ANOS 60

"Nietzsche, sens et valeurs", *Arguments*, 1960.

"De Sacher-Masoch au masochisme", *Arguments*, nº 15, 1961.

"Lucrèce et le naturalisme", *Études philosophiques*, 1961. Reed. moficado no livro *Logique du sens*: Apêndice II - "Lucrèce et le simulacre", pp. 307-324.

"La critique du Jugement (selon les cours inédits de l'année 1960-61)", *Bulletin du groupe d'études de philosophie de la Sorbonne*, nº 14 (número especial sobre Kant).

"L'idée de genèse dans l'esthétique de Kant", *Revue d'esthétique*, 1963, pp. 113-136.

"Mystère d'Ariane", *Bulletin de la société française d'études nietzscheennes*, nº 2, mar. de 1963, pp. 12-15; reed. em *Philosophie*, nº 17, 1987, pp. 67-72 e retomado no livro *Critique et clinique*: "Mistère d'Ariane selon Nietzsche", pp. 126-134.

"Unité de *À la recherche du temps perdu*", *Revue de métaphysique et de morale*, 1963, pp. 427-442.

"Klossowski ou les corps-langage", *Critique*, 1965. Modificado e reeditado com mesmo título no livro *Logique du sens*: Apêndice III, pp. 325-350.

"À propos de Gilbert Simondon: *L'individu et sa genèse physicobiologique*", *Revue de philosophie*, 1966.

"Gilbert Simondon: *O indivíduo e sua gênese físico-biológica*", tr. br. de Ivana Medeiros, *O espírito das coisas*, São Paulo (no prelo).

"L'homme, une existence douteuse: sur *Les mots et les choses*", *Le Nouvel Observateur*, 1/6/1966, pp. 32-34.

"Méthode de dramatisation", *Bulletin de la société française de philosophie*, 28/1/1967, pp. 90-118.

"L'éclat de rire de Nietzsche", *Le Nouvel Observateur*, 5-12/4/1967, pp. 40-41.

"Sur la volonté de puissance et l'éternel retour", *Nietzsche, Cahiers de Royaumont*, Paris, Minuit, 1967, pp. 275-287.

"Sobre a vontade de potência e o eterno retorno", tr. br. *in* Carlos Henrique Escobar (org.), *Por que Nietzsche?*, Rio de Janeiro, Achiamé, 1985, s.d., pp. 19-29.

"Introduction générale à Nietzsche" (com Michel FOUCAULT), *Oeuvres philosophiques complètes*, tomo V: *Le Gai Savoir*, Paris, Gallimard, 1967.

"Une théorie d'Autrui, Michel Tournier", *Critique*, 1967. Reed. modificado no livro *Logique du sens*: Apêndice IV - "Michel Tournier et le monde sans autrui", pp. 350-372. Reeditado como posfácio a Michel TOURNIER, *Vendredi ou les limbes du Pacifique*, Paris, Gallimard, 1967.

"Michel Tournier e o mundo sem outrem", posfácio a Michel TOURNIER, "Sexta-feira ou os limbos do Pacífico", tr. br. de Fernanda Botelho, São Paulo, Difel, 1985, pp. 223-249.

"Renverser le platonisme", *Revue de métaphysique et de morale*, 1967. Reed. modificado no livro *Logique du sens*: Apêndice I - "Platon et le simulacre", pp. 292-307.

Prefácio a "La bête humaine", Oeuvres complètes d'Émile Zola, Cercle du livre prêcieux, 1967. Reed. modificado no livro *Logique du sens*: Apêndice V - "Zola et la fêlure", pp. 373-386.

"Entretien sur Nietzsche", a J.N. VUANET, *Les lettres françaises*, 5/3/1968.

"Le schizoprhène et le mot", *Critique*, nº 255-256, 1968, pp. 731-746. Modificado, foi reeditado com o título "Schizologie" como prefácio a Louis WOLFSON, *Le schizo et les langues*, Paris, Gallimard, 1970, pp. 5-23. Retomado no livro *Critique et clinique*: cap. II - "Louis Wolfson, ou le procédé", pp. 18-33.

"Gilles Deleuze parle de la philosophie", entrevista a Jeannette COLOMBEL, *La quinzaine littéraire*, nº 68, 1-15/3/1969.

"La synthèse disjuncitive" (com Félix GUATTARI), *L'arc* nº 43, 1969, retomado no livro *L'anti-Oedipe*: "La synthèse connective d'enregistrement", pp. 89-100.

"Spinoza et la méthode générale de M. Guéroult", *Revue de métaphysique et de morale*, 1969, pp. 426-437.

ANOS 70

"Un nouvel archiviste", *Critique* nº 274, mar. de 1970. Reimpressão, Montpellier, Fata Morgana, 1972. Reed. modificado e aumentado no livro *Foucault*.

"Faille et feux locaux, Kostas Axelos", *Critique* nº 275, abr. de 1970, pp. 344-351.

"Les intellectuels et le pouvoir", conversa com Michel FOUCAULT, *L'arc* nº 49, 1972, pp. 3-10.
"Os intelectuais e o poder", tr. br. de Roberto Machado, *in* Michel FOUCAULT, *Microfísica do poder* (org. e tr. de Roberto Machado), Rio de Janeiro, Graal, 1979, pp. 69-78.
"Os intelectuais e o poder", tr. port. de José Afonso Furtado, in Manuel Maria CARRILHO (org.), *Capitalismo e esquizofrenia. Dossier Anti-Édipo*, Lisboa, Assírio e Alvim, 1976, pp. 13-27.

"Schizophrénie et société", *in Encyclopaedia Universalis* , vol. 14, Paris, 1972.

"Capitalisme et schizophrénie", entrevista com G. Deleuze e F. GUATTARI, *L'arc* nº 49, 1972.

"Capitalismo e schizofrenia", entrevista de G. Deleuze e F. GUATTARI a Vitoria MARCHETTI, *Tempi Moderni* n° 14, 1972; reproduzido *in L'altra pazzia. Mappa antologico della psichiatria alternativa*, Milão, Feltrinelli, 1975.

"Hume", *in* François CHÂTELET (dir.), *Histoire de la philosophie*, vol. 4, *Les Lumières* (le XVIIIème siècle), Paris, Hachette, 1972, pp. 65-78.

"Hume", tr. br. de Guido de Almeida, *in* François CHÂTELET (dir.), *História da filosofia*, vol. 4, *As Luzes* (o século XVIII), Rio de Janeiro, Zahar, 1982, pp. 59-70.

"Trois problèmes de groupe", prefácio a Félix GUATTARI, *Psychanalyse et transversalité*, Paris, Maspero, 1972, pp. I-IX.

"Dis-moi quelles sont tes machines désirantes à toi?", introdução ao texto de Pierre BÉNICHOU, "Sainte Jackie, comédienne et bourreau", *Les temps modernes*, nov. de 1972, pp. 854-856.

"Entretien avec C. Backès-Clément", *L'arc* n° 49, 1972. Retomado no livro *Pourparlers*: "Entretien sur *L'anti-Oedipe* (avec Félix Guattari)", pp. 24-38.

"Bilan-programme pour machines désirantes" (com Félix GUATTARI), *Minuit* n° 2, jan. de 1973. Republicado com o mesmo título na nova ed. aumentada do livro *L'anti-Oedipe*, 1973, pp. 463-487.

"Le nouvel arpenteur. Intensités et blocs d'enfance dans *Le château*", *Critique*, 1973, pp. 1046-1054.

"14 mai 1914 - Un seul ou plusieurs loups?" (com Félix GUATTARI), *Minuit* n° 5, set. 1973, pp. 2-16. Republicado no livro *Mille plateaux*: "2. 1914 - Un seul ou plusieurs loups?", pp. 38-52.

"Lettre à Michel Cressole", *in* Michel CRESSOLE, *Deleuze*, Paris, Ed. Universitaires, 1973, pp. 107-118. Retomado no livro *Pourparlers*: "Lettre à un critique sévère", pp. 11-23.
"Resposta de Gilles Deleuze a Michel Cressole", tr. por. *in* Manuel Maria CARRILHO (org.), *Capitalismo e esquizofrenia. Dossier Anti-Édipo*, Lisboa, Assírio e Alvim, 1976, pp. 215-228.

Colaboração *in* "Grande Encyclopédie des homosexualités", *Recherches*, mar. de 1973.

"Le froid et le chaud", apresentação da exposição "Fromanger, le peintre et le modèle", Baudard Alverez, ed. 1973.

"Pensée nomade", *in Nietzsche aujourd'hui?*, 1. *Intensités*, Paris, UGE, "10/18", 1973, pp. 159-174.
"Pensamento nômade", tr. br. *in* Carlos Henrique ESCOBAR (org.), *Por que Nietzsche?*, Rio de Janeiro, Achiamé, 1985.
"Pensamento nômade", tr. br. *in* S. MARTON (org.), *Nietzsche hoje?*, São Paulo, Brasiliense, 1985.

"Les équipements du pouvoir" (com Michel FOUCAULT e Félix GUATTARI), entrevista, *Recherche* nº 13, dez. de 1973, pp. 39-47. ("10/18", pp. 212-220).

"A quoi reconnaît-on le structuralisme?", *in* François CHÂTELET (dir.), *Histoire de la philosophie*, vol. 8 - Le Xème siècle, Paris, Hachette, 1973.
"Em que se pode reconhecer o estruturalismo?", tr. br. de Hilton F. Jupiassú, *in* François CHÂTELET (dir.), *História da Filosofia*, vol. 8 - O século XX, tr. br., Rio de Janeiro, Zahar, 1974, pp. 271-303.

"Comment se faire un corps sans organes?" (com Félix GUATTARI), *Minuit* nº 10, set. de 1974. Republicado no livro *Mille plateaux*: "6. 28 novembre 1947 - Comment se faire un corps sans organes?", pp. 105-204.

Prefácio a G. HOCQUENGHEM, *L'après-midi des faunes: volutions*, Paris, Grasset, 1974, pp. 7-17.

"Ecrivain non: un nouveau cartographe", *Critique* nº 343, dez. de 1975, pp. 1207-1227. Reed. modif. no livro *Foucault*.

"Table ronde", sobre Proust (com Roland BARTHES, Serge DOUBROVSKY, Jean-Pierre RICHARD, Gérard GENETTE, Jean RICARDOU), *Cahiers Marcel Proust* nº 7, Paris, Gallimard, 1975, pp. 87-116.

"Avenir de la linguistique", prefácio a Henri GOBARD, *L'aliénation linguistique*, Paris, Flammarion, 1976, pp. 9-14.

"Gilles Deleuze fasciné par *Le Misogine*", *La quinzaine littéraire* nº 229, 1976.

"Trois questions sur *Six fois deux*", *Cahiers du cinéma*, nº 271, nov. de 1976. Retomado no livro *Pourparlers*: "Trois questions sur *Six fois deux* (Godard)", pp. 55-66.

"Entretien sur les nouveaux philosophes", prospecto, 5 de jun. de 1977. Reed. como "Intervew à propos des nouveaux philosophes et d'un problème plus général". *Le Monde*, 19-20 de jun. de 1977. Rep. em *Minuit* nº 24, 1977.

"L'ascension du social", posfácio a Jacques DONZELOT, *La police des familles*, Paris, Minuit, 1977, pp. 213-220.

"A ascensão do social", tr. br. de J.A.G. Albuquerque. Prefácio a J. DONZELOT, *A polícia das famílias*, tr. br. de M.T. da Costa Albuquerque, Rio de Janeiro, Graal, 1980, pp. 1-8.

Participação, com Félix GUATTARI, Claire PARNET e André SCALA *in* "L'interprétation des énoncés", *in Politique et psychanalyse*, Alençon, Des Mots Perdus, 1977, pp. 59-86.

"Quatre propositions sur la psychanalyse", *in Politique et psychanalyse*, Alençon, Des Mots Perdus, 1977, pp. 41-58.

"Quatro proposições sobre a psicanálise", tr. br. de Luiz Antonio Fuganti, *SaúdeLoucura* n° 2, São Paulo, Hucitec, jul. de 1990, pp. 83-91.

"Le juif riche", *Le Monde*, 18/2/1977.

"Nous croyons au caractère constructiviste de certains agitations de gauche", *Recherches* n° 30, nov. de 1977.

"Deux régimes de fous", *in Psychanalyse et sémiotique*, Paris, 10/18, 1977.

"Le pire moyen de faire l'Europe" (com Félix GUATTARI), Le monde, 1/11/1977.

"Deux questions. Où il est question de la toxicomanie", Alençon, Des Mots Perdus, 1978. Republicado *in Recherches*, n° 39 *bis*, dez. de 1979, pp. 231-234.
"Duas questões", tr. br. de Ângela Maria Tijiwa, *SaúdeLoucura* n° 3, São Paulo, Hucitec, pp. 63-66.

"Philosophie et minorité", *Critique* n° 369, fev. de 1978, pp. 154-155.

"Les gêneurs", *Le Monde*, 7/4/1978.

"La plante et le corps", *Le Monde*, 13/10/1978.

"Nietzsche et Saint Paul, Lawrence et Jean de Patmos" (com Fanny DELEUZE). Prefácio a D.H. LAWRENCE, *Apocalypse*, Balland, 1978, pp. 7-37. Retomado com o mesmo título no livro *Critique et clinique*, pp. 50-70.

"En quoi la philosophie peut servir à des mathématiciens ou même à des musiciens. Même et surtout quand elle ne parle pas de musique ou de mathématiques", *in Vincennes ou le désir d'apprendre*, Paris, Alain Moreau, 1979.

ANOS 80

"8 ans après", entrevista a Catherine BACKÉS-CLÉMENT, *L'arc* nº 49, nova ed., 1980, pp. 99-102.

"Pourquoi en est-on arrivé là?", entrevista com François CHÂTELET, *Libération*, 17/3/1980.

"Mille plateaux ne font pas une montagne, ils ouvrent mille chemins philosophiques", entrevista a Christian DESCAMPS, Didier ERIBON, Robert MAGGIORI, *Libération*, 23/10/1980. Retomada no livro *Pourparlers*: "Entretien sur *Mille plateaux*", pp. 39-52.

"Mil platôs não formam uma montanha", tr. br. de Ivana Bentes, *in* Carlos Henrique ESCOBAR (org.), *Dossier Deleuze*, Rio de Janeiro, 1991, pp. 115-126.

"Peindre le cri", *Critique* nº 408, 1981.

"Un livre de Gilles Deleuze sur Francis Bacon, la peinture enfleme l'écriture", entrevista a Hervé GUIBERT, *Le Monde*, 3/12/1981, p. 15.

Prefácio a Antonio NEGRI, *L'anomalie sauvage. Puissance et pouvoir chez Spinoza*, Paris, PUF, 1982.

Prefácio a Antonio NEGRI, *A anomalia selvagem. Poder e potência em Spinoza*, tr. br. de Raquel Ramalhete, Rio de Janeiro, Ed. 34, 1993, pp. 7-9.

"Lettre à Uno sur le langage", *La revue de la pensée d'aujourd'hui*, Tóquio, dez. de 1982.

"L'abstration lirique". *Change International*, 1, 1983.

"La photographie est déjà tirée dans les choses", entrevista a Pascal BONITZER e Jean NARBONI. *Cahiers du cinéma*, set. de 1983, pp. 36-40.

"Cinéma 1, première", entrevista a Serge DANEY, *Libération*, 3/10/1983, p. 30.

"Le philosophe 'menuisier' ", entrevista a Didier ERIBON, *Libération*, 3/10/1983, p. 31.

"Sur l'image-mouvement", entrevista a Pascal BONITZER e Jean NARBONI, *Cahiers du cinéma* n° 352, out. de 1983. Retomado com o mesmo título no livro *Pourparlers*, pp. 67-81.

"Portrait du philosophe en spectateur", entrevista a Hervé GUIBERT, *Le Monde*, 6/10/1983, pp. 1-17.

"À gauche sans missiles", entrevista a Jean-Pierre BAMBERGER, *Les Nouvelles,* 15/12/1983, pp. 60-64.

"Le pacifisme aujourd'hui", entrevista a Jean-Pierre BAMBERGER. *Les Nouvelles*, 21/12/1983.

"Grandeur de Yasser Arafat", *Revue d'études palestiniennes* n° 18, 1984, pp. 41-43.

"Mai 68 n'a pas eu lieu" (com Félix GUATTARI), *Les Nouvelles,* 3-9/5/1984, pp. 75-76.

"Lettre à Uno: Comment nous avons travaillé a deux", *La revue de la pensée d'aujourd'hui*, Tóquio, set. de 1984.

"Le temps musical", *La revue de la pensée d'aujourd'hui*, Tóquio, set. de 1984.

"Les plages d'immanence", *in* A. CUZENAVE e J.-F. LYOTARD (orgs.). *L'art des confins - Mélanges offerts à Maurice de Candillac*, Paris, PUF, 1985, pp. 79-81.

"Praias de imanência", tr. br. de José Marcos Macedo, *Folha de S. Paulo*, 3/12/1995, cad. 5, p. 13.

"Le philosophe et le cinéma", entrevista a Gilbert CABASSO e Fabrice Revault d'ALLONNES, *Cinéma* nº 334, 18/12/1985. Retomada no livro *Pourparlers*: "Sur l'image-temps", pp. 82-87.

"Il était un étoile de groupe" (François CHÂTELET), *Libération*, 27/12/1985.

"Entrevista" a Antoine DULAURE e Claire PARNET, *L'autre journal* nº 8, out. de 1985. Retomada no livro *Pourparlers*: "Les intercesseurs", pp. 165-184.

"Le cerveau c'est l'écran", entrevista a *Cahiers du cinéma* nº 380, mar. de 1986, pp. 25-32.

"Sur le régime cristallin", *Hors-cadre*, abril de 1986, pp. 39-45.

"The intellectual and Politics: Foucault and the prison", *History of the present*, primavera de 1986, pp. 1-2, 19-21.

"Boulez, Proust et le temps: Occuper sans compter", *in Eclats/Boulez*, Ed. du Centre Pompidou, 1986, pp. 98-100.

"La vie comme oeuvre d'art", entrevista a Didier ERIBON, *Le nouvel observateur*, 29/8 e 4/9/1986. Retomada com o mesmo título no livro *Pourparlers*, pp. 129-138.

"Fendre les choses, fendre les mots", entrevista a Robert MAGGIORI, *Libération*, 2 e 3/9/1986. Retomada com o mesmo título no livro *Pourparlers*, pp. 115-128.

"Michel Foucault dans la troisième dimension", *Libération*, 3/9/1986, p. 38.

"Foucault por Deleuze", tr. br., *Folha de S. Paulo*, 20/9/1986.

"Un portrait de Foucault", entrevista a Claire PARNET, s.e., 1986. Publicada com o mesmo título no livro *Pourparlers*, pp. 139-161.

"Sur quatre formules poétiques qui pourraient résumer la philosophie kantienne", *Philosophie* nº 9, inverno de 1986, pp. 29-34. Retomado com o mesmo título no livro *Critique et clinique*, pp. 40-50.

"Sobre quatro fórmulas poéticas que poderiam resumir a filosofia de Kant", tr. br. de Andréa Estevão, *in* Carlos Henrique ESCOBAR (org.), *Dossier Deleuze*, Rio de Janeiro, Hólon, 1991, pp. 127-133.

"Optimisme, pessimisme et voyage. Lettre à Serge Daney", carta-prefácio a Serge DANEY, *Ciné journal - 1981-1986*, Paris, Cahiers du Cinéma, 1986, pp. 5-13. Retomada no livro *Pourparlers*: "Lettre à Serge Daney: optimisme, pessimisme et voyage", pp. 97-112.

"Le plus grand film irlandais", *Revue d'esthétique (Beckett)*, 1986, pp. 381-382. Retomado com o mesmo título no livro *Critique et clinique*, p. 39.

"Doutes sur l'imaginaire", entrevista a *Hors-cadre*, nº 4, 1986. Publicado com o mesmo título no livro *Pourparlers*: pp. 88-96.

"Qu'est-ce que l'acte de création?", conferência pronunciada em 17/3/1987 para os alunos da Femis, videocassete.

"Mystère d'Ariane selon Nietzsche", *Philosophie* nº 17, inverno de 1987. Retomado com o mesmo título no livro *Critique et clinique*, pp. 126-134.

Prefácio (com Félix GUATTARI) à edição italiana de *Mille plateaux*, Milão, Enciclopedia italiana, 1988.

"Prefácio para a edição italiana", tr. br. *in Mil platôs*, vol. 1, pp. 7-9.

"Un critère pour le baroque", *Chimères* nº 5-6, maio-junho de 1988.

"Signes et événements", entrevista a Raymond BELLOUR e François EWALD, *Magazine littéraire* nº 257, set. de 1988. Retomada no livro *Pourparlers*: "Sur la philosophie", pp. 185-212.

"Signos e acontecimentos", tr. br. de Ana Sacchetti, *in* Carlos Henrique ESCOBAR (org.), *Dossier Deleuze*, pp. 9-30.

"Foucault, historien du présent", *Magazine littéraire* nº 257, set. de 1988, pp. 51-52. Parte final de "Qu'est-ce qu'un dispositif?".

"Foucault, historiador do presente", tr. br. *in* Carlos Henrique ESCOBAR (org.), *Dossier Deleuze*, pp. 85-88.

"La pensée mise en plis", entrevista a Robert MAGGIORI, *Libération*, 22/9/1988. Retomada no livro *Pourparlers*: "Sur Leibniz", pp. 213-222.

"Re-présentation de Masoch", *Libération*, 18/5/89. Retomado com o mesmo título no livro *Critique et clinique*, pp. 71-74.

"Re-(a)presentação de Masoch", tr. br. de Viviane de Lamare, *34 Letras* nº 5/6, setembro de 1989, pp. 414-415.

"Qu'est-ce qu'un dispositif?", *in Michel Foucault philosophe. Rencontre internationale (Paris, 9, 10, 11 janvier 1988)*, Paris, Le Seuil, 1989, pp. 185-195.

"Lettre à Réda Bensmaïa" (9/7/1988), *Lendemains*, 53, 1989. Retomada no livro *Pourparlers*: "Lettre à Réda Bensmaïa, sur Spinoza", pp. 223-225.

"Un concept philosophique", *Cahiers confrontation* nº 20, inverno de 1989.

"Posface" a Herman MELVILLE, *Bartleby*, Paris, Flammarion, 1989. Retomado no livro *Critique et clinique*: "Bartleby, ou la formule", pp. 89-114.

ANOS 90

"Post-scriptum sur les sociétés de contrôle", *L'autre jounal* nº 1, maio de 1990. Retomado com o mesmo título no livro *Pourparlers*: pp. 240-247.

"Contrôle et devenir", entrevista a Toni NEGRI, *Futur antérieur* nº 1, primavera de 1990. Retomada com o mesmo título no livro *Pourparlers*, pp 229-239.

"Les conditions de la question: qu'est-ce que la philosophie?", *Chimères*, maio de 1990.

"Lettre-préface" a Mireille BUYDENS, *Sahara. L'esthétique de Gilles Deleuze*, Paris, Vrin, 1990, p. 5.

"Préface" a Éric ALLIEZ, *Les temps capitaux. Récits de la conquête du temps*, Paris, Cerf, 1991, pp. 7-9.
Prefácio a Éric ALLIEZ, *Tempos capitais - Relatos da conquista do tempo*, tr. br. de Maria Helena Rouanet, São Paulo, Siciliano, 1991, pp. 13-15.

"Platon, les Grecs", *in Nos Grecs et leurs modernes*, Paris, Seuil, 1992. Retomado com o mesmo título em *Critique et clinique*, pp. 170-171.

"Lettre-Préface" (datada de 13 de junho de 1990) a Jean-Clet MARTIN, *Variations. La philosophie de Gilles Deleuze*, Paris, Payot, 1993, pp. 7-9.

"Désir et paisir", *Magazine littéraire* ("Foucault aujourd'hui"), nº 325, out. de 1994, pp. 59-65.
"Desejo e prazer", tr. br. de Luiz B.L. Orlandi. *Cadernos de subjetividade* (no prelo).

"L'immanence: une vie...", *Philosophie*, nº 47, 1/9/1995, pp. 3-7.

"L'actuel et le virtuel", publicado como anexo (cap. V) a Gilles Deleuze e Claire PARNET, *Dialogues*, Paris, Flammarion, nova edição, 1996, pp. 179-181.

"O atual e o virtual", *in* Éric ALLIEZ, *Deleuze filosofia virtual*, tr. br. de Heloisa B.S. Rocha, São Paulo, Ed. 34, 1996.

"Abécédaire", entrevista a Claire PARNET realizada em 1988 e transmitida em série televisiva a partir de novembro de 1995 pela TV-ARTE, Paris, videocassete.

"Faces et surfaces" (com S. CZERKINSKY), *in* G. Deleuze, M. FOUCAULT, *Mélanges: pouvoir et surface*, s.e., s.d.

COLEÇÃO TRANS
direção de Éric Alliez

Para além do mal-entendido de um pretenso "fim da filosofia" intervindo no contexto do que se admite chamar, até em sua alteridade "tecno-científica", a crise da razão; contra um certo destino da tarefa crítica que nos incitaria a escolher entre ecletismo e academismo; no ponto de estranheza onde a experiência tornada *intriga* dá acesso a novas figuras do ser e da verdade... TRANS quer dizer transversalidade das ciências exatas e anexatas, humanas e não-humanas, transdisciplinaridade dos problemas. Em suma, transformação numa prática cujo primeiro conteúdo é que há linguagem e que a linguagem nos conduz a dimensões heterogêneas que não têm nada em comum com o processo da metáfora.

A um só tempo arqueológica e construtivista, em todo caso experimental, essa afirmação das indagações voltadas para uma exploração polifônica do real leva a liberar a exigência do conceito da hierarquia das questões admitidas, aguçando o trabalho do pensamento sobre as práticas que articulam os campos do saber e do poder.

Sob a responsabilidade científica do Colégio Internacional de Estudos Filosóficos Transdisciplinares, TRANS vem propor ao público brasileiro numerosas traduções, incluindo textos inéditos. Não por um fascínio pelo Outro, mas por uma preocupação que não hesitaríamos em qualificar de política, se porventura se verificasse que só se forjam instrumentos para uma outra realidade, para uma nova experiência da história e do tempo, ao arriscar-se no horizonte múltiplo das novas formas de racionalidade.

COLEÇÃO TRANS
volumes publicados

Gilles Deleuze e Félix Guattari
O que é a filosofia?

Félix Guattari
Caosmose - Um novo paradigma estético

Gilles Deleuze
Conversações

Barbara Cassin, Nicole Loraux, Catherine Peschanski
Gregos, bárbaros, estrangeiros - A cidade e seus outros

Pierre Lévy
As tecnologias da inteligência

Paul Virilio
O espaço crítico

Antonio Negri
A anomalia selvagem - Poder e potência em Spinoza

André Parente (org.)
Imagem-máquina - A era das tecnologias do virtual

Bruno Latour
Jamais fomos modernos

Nicole Loraux
A invenção de Atenas

Éric Alliez
A assinatura do mundo - O que é a filosofia de Deleuze e Guattari?

Gilles Deleuze e Félix Guattari
Mil platôs - Capitalismo e esquizofrenia (Vols. 1, 2 e 3)

Maurice de Gandillac
Gêneses da modernidade

Pierre Clastres
Crônica do índios Guayaki

Jacques Rancière
Políticas da escrita

Jean-Pierre Faye
A razão narrativa

Monique David-Ménard
A loucura na razão pura

Jacques Rancière
O desentendimento - Política e filosofia

Éric Alliez
Da impossibilidade da fenomenologia

Michael Hardt
Gilles Deleuze - Um aprendizado em filosofia

Éric Alliez
Deleuze filosofia virtual

A sair:

François Jullien
Figuras da imanência

Este livro foi composto em Sabon pela Bracher & Malta, com fotolitos da Holt e impresso pela Editora Parma em papel Pólen 80 g/m² da Cia. Suzano de Papel e Celulose para a Editora 34, em junho de 1996.